Für Nikolai

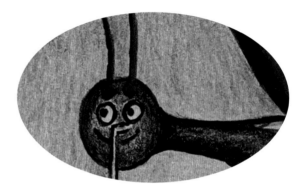

Bibliografische Information der Deutschen Bibliothek
Die Deutsche Bibliothek verzeichnet diese Publikation
in der Deutschen Nationalbibliografie; detaillierte
bibliografische Daten sind im Internet über
http://dnb.ddb.de abrufbar.
 ISBN 978-3-949116-06-3

Idee, Gestaltung,Text, Layout, Zeichnungen:
Ursula Gallenkamp, Bremen

© 2022 by Donat Verlag
Borgfelder Heerstr. 29, D-28357 Bremen
Telefon: (0421) 1733107
E-Mail: info@donat-verlag.de
www.donat-verlag.de
Lektorat: Helmut Donat, Bremen
Druck: ITC Print, LV-1035 Riga

Ursula Gallenkamp

Text unter Mitwirkung von Helmut Donat

Anastasia Butterfly
findet Freunde

Eine Bildergeschichte zum Er-Zählen und Träumen

He, was siehst Du auf dem ersten Bild?
Ja, ein orange-gelbes Schmetterlingsmädchen.

Das bin ich. Mein Name ist Anastasia Butterfly.

Ich möchte Dir erzählen, wie ich viele neue Tierfreunde und- freundinnen gefunden habe –
und sogar noch einen besondern Schmetterlingsfreund.

Ach ja, es sind viele, und damit ich keines der Tiere vergesse, zähle ich sie.
Das kannst Du vielleicht auch schon ein bisschen. Hilfst Du mir bitte?
Nimm doch einmal Deine Hand und zähle die Finger und den Daumen…
Es sind bestimmt 5, oder? Du kannst mir also tüchtig helfen.
Ich freue mich, mit Dir viel Neues zu entdecken. Einverstanden?

Meine Geschichte ist aber noch mehr.
Ich möchte mit Dir träumen: von bunten Vögeln,
kleinen und großen Tieren sowie von lustigen und
manchmal gefährlichen Fischen im Wasser.

Ein Schmetterling kann fliegen, wohin er will.
Aber ich bin leider allein — und ohne Freund macht das keinen Spaß.

Dabei sitze ich mitten in den wunderbaren orangenen Mohnblumen
und sauge mit meinem Rüssel den Saft aus den Blüten.

Plötzlich kommt mir eine Idee:
Ich fliege an verschiedene Orte der Welt und schaue, ob ich Freunde finde.
Was ich wohl alles erleben werde?

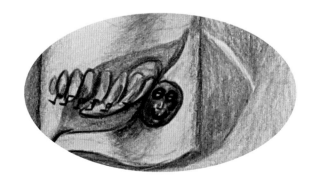

Auf einmal entdecke ich:
Da ist ja noch ein anderes Tier!
Es sieht aus wie ein Wurm, hat ein Loch
in ein grünes Blatt gefressen und leuchtet in vielen Farben.

Juchhu, ich freue mich so sehr,
durch die Luft über
Berge und Täler zu flattern.
Oh, was ist dort in der Ferne?

Ein Schnabel und rote Federn?

Du kennst diese Vögel ganz bestimmt, es sind Papageien.
Wie ihre Farben in der Sonne glänzen!
Sie krächzen und palavern alle durcheinander — welch ein Lärm!

Oh, es sind viele. Zählst Du sie bitte mit mir? Ich finde: 1, 2, 3, 4, 5.
Oh nein, es sind mehr. Einer hat sich noch versteckt und knabbert an einer Nuss.

Es sind also 6 Papageien.

Hm, die Nuss sieht sehr lecker aus. Ob die wohl mit meinem Saugrüssel zu schlürfen ist?
Ach je, ich habe es probiert, die Nuss ist zu hart. Fast wäre mein Rüssel gebrochen.
Da nehme ich doch lieber den Nektar aus der Blüte.
Die Papageien sind sehr freundlich, und sie möchten gern, dass ich bei ihnen bleibe.
Aber sie sind mir zu laut.
Papageien-Freunde habe ich gefunden, aber ein besonderer Schmetterling war nicht dabei.

Was sehe ich auf dem Bild? Schon wieder der Wurm.
Was macht er da?
Er hat ein neues Loch gefressen —
in einen dicken, roten Apfel.

Juchhe, ich freue mich so sehr,
durch die Luft über Berge und Täler zu flattern.
Und wer singt dort in der Ferne?

Ein kleiner Schnabel mit rötlichem Bauch?

Es sind kleine Vögel, und sie heißen Rotkehlchen, weil sie eine orange-rote Kehle,
Stirn und Brust haben.
Sie wohnen und leben in unseren Gärten. Flink sind sie — und so viele.

Zählen wir sie doch einmal: 1, 2, 3, 4, 5, 6,
und eines versteckt sich hinter den Blättern, also sind es 7.

Das Rotkehlchen in der Mitte hat eine Mücke im Schnabel.
Rotkehlchen fangen sehr gern Insekten. Mir schmecken sie gar nicht.

Die Rotkehlchen zwitschern den ganzen Tag über und wollen, dass ich bei ihnen übernachte.
Aber sie sind mir zu zappelig und fliegen und flattern zu schnell um mich herum.

Rotkehlchen-Freunde habe ich gefunden, aber ein Schmetterling war nicht dabei.

Oh, der Wurm hat sich schon wieder
in das Bild geschlichen und neue Löcher gefressen.
Diesmal in 2 Pflaumen.

Juchhe, ich freue mich so sehr,
durch die Luft über Berge und Täler zu flattern.
Und was sehe ich hinten in der Ferne?

Ein Haus mit einem gelb-blauen Vogel?

Es sind kleine Vögel, und sie wohnen und leben wie die Rotkehlchen in unseren Gärten.

Flinke Meisen sind es und so viele, zählen wir sie doch einmal: 1, 2, 3, 4, 5, 6, 7,

und eine fliegt mit weiten Flügeln auf einen Ast, also ich sehe 8 Meisen.

Die Meise in der Mitte hat eine Mücke im Schnabel. Meisen picken Mücken sehr gern,
ich aber sauge lieber wieder Nektar aus der orangenen Blüte.

Die zwitschernden Meisen sind sehr nett, und sie haben mir gesagt,
dass sie gern meine Freunde sein möchten, aber sie tschiepen zu kräftig
und flattern zu unruhig um mich herum.

Meisen-Freunde habe ich gefunden, aber anderen Schmetterlingen bin ich nicht
über den Weg geflogen.

Bestimmt ist unser Wurm schon da.
Habt Ihr ihn schon entdeckt?
O, er hat neue Löcher gefressen und sich viel
vorgenommen.
Gleich durch 3 grüngelbe Birnen hat er sich geknabbert.

Juchhe, ich freue mich so sehr,
durch die Luft über Berge und Täler zu flattern.

Getroffen habe ich schon Papageien, Rotkehlchen und Meisen.

Am Horizont geht langsam die Sonne unter,
und es beginnt, dunkel zu werden.
In der Ferne erblicke ich
einen besonderen Vogel.
Er hat große, runde Augen
und lange Federn auf dem Kopf.

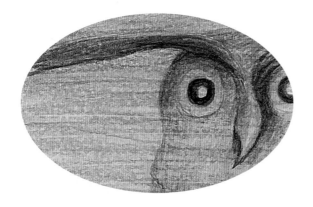

Eulen sind große und starke Vögel. Sie schlafen am Tag, weil sie in der Nacht im Park
und Wald herumfliegen. Du kannst sie kaum hören. Obwohl sie mächtige Flügeln haben,
sind sie ganz leise. Manchmal sieht es so aus, als schwebten sie.
Eulen jagen und mögen Mäuse, sie haben scharfe Krallen und einen spitzen, harten Schnabel,
der ihnen beim Mäuseschmaus hilft.

Die Mäuse aber passen tüchtig auf. Sie wollen ja nicht verspeist werden.
Zählen wir einmal, wie viele Eulen auf dem Bild zu sehen sind: 1, 2, 3, 4, 5, 6, 7, 8, 9 Eulen.
Mäuse finde ich nicht lecker, und die Eulen kann ich in der Dunkelheit
gar nicht richtig erkennen.

Lieber kuschele ich mich in die organgenen Blütenblätter und schlafe bis zum nächsten Morgen.
Ich fühle mich sehr sicher, denn die Eulen passen auf mich auf.
Als ich meine neuen Freunde am nächsten Morgen frage, ob sie Schmetterlinge gesehen haben,
antworten sie: „Nein, leider nicht!"

Ach, da ist ja wieder der kunterbunte Wurm.
Er wird immer dicker und wohl nie satt.
Er hat neue Löcher gefressen —
gleich in 4 reife Erdbeeren.

Juchhe, ich freue mich so sehr,
durch die Luft über Berge und Täler zu flattern.

Getroffen habe ich Papageien, Rotkehlchen, Meisen
und die klugen Eulen.

In der Ferne steht ein Tier,
es ist grau,
hat einen langen Rüssel
und dicke Stampferbeine.

Richtig, es ist ein kleiner Elefant.

Es sind: 1, 2, 3, 4, 5, 6, 7, 8, 9, 10 Elefanten. Was spielen sie denn da?

Sie laufen im Kreis herum, halten sich mit dem Rüssel am Schwanz des anderen
Elefanten fest und singen ein Elefantenlied. Es ist elefantastisch. Kennst du vielleicht
auch ein Lied, bei dem du fest mit deinen Beinen auf den Boden stampfen kannst??

Die Elefantenkinder sind fröhlich, und zwei recht kleine spielen
mit meinen langen schwarzen Fühlern.
Es macht einfach Spaß, von ihnen im Kreis herumgetragen zu werden.
Aber schon bald ist mir schwindelig im Kopf.
Sie wollen, dass ich auf ihrem Rüssel herumspaziere. Mir ist das nicht ganz geheuer,
und so mache ich mich erneut auf die Suche.
Auf dem Rückweg soll ich bitte wieder vorbeikommen. Ich verspreche es ihnen.

Schon wieder hat sich der Wurm in das Bild geschlängelt:
In 5 Bananen sind seine Fresslöcher zu sehen.

Juchhe, ich freue mich so sehr,
durch die Luft über Berge und Täler zu flattern.

Getroffen habe ich Papageien, Rotkehlchen, Meisen,
Eulen und Elefantenkinder.

Was sehe ich da in der Ferne?

Ein merkwürdiges Tier mit langen Beinen
und einem superlangem Hals.
Es hat ein braungeflecktes Fell
und große, neugierige Augen.

Giraffen müssen sich noch viel länger strecken als ihr Hals, um an die nahrhaften Blätter der hohen Bäumen zu kommen. Sie haben eine lange Zunge, mit der sie die Früchte und Blätter umwickeln, abreißen und genüsslich zerkauen.
Die lange Zunge brauchen sie, um Wasser zu trinken.

Siehst Du die kleine Giraffe auf dem Rücken der Mama? Sie ist erschöpft und schläft.

Bist Du vielleicht schon müde vom Zählen?
Noch nicht? Gut, wieviele Giraffen auf dem Bild sind: 1, 2, 3, 4, 5, 6, 7, 8, 9, 10, 11.

Ich sitze auf den Hörnern der Mama-Giraffe und träume mit dem Giraffenkind um die Wette.
Aus einer Blüte schlabbere ich Nektar, fühle mich wohl und geborgen.
Aber die Giraffen haben noch mehr Hunger und müssen deshalb weiterziehen.
Die Bäume und Sträucher sind weit, weit entfernt. „Deshalb kannst Du, Anastasia, leider nicht mitkommen", erklärt mir die Giraffenmama.
„Ok," sage ich, „dann macht es gut, ihr lieben Giraffenfreunde".

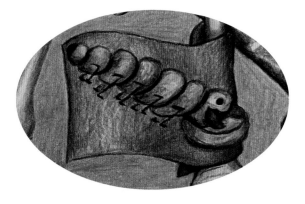

Doch bevor ich weiterfliege, schaue ich noch einmal auf das Bild.
Da ist doch wieder der grüne, dicke Wurm.
Aber, was ist mit ihm geschehen? Er hat jetzt Beine, sieht aus wie eine Raupe und schlürft fetten Brei aus einer Schüssel.
Aus Raupen werden Schmetterlinge
Ob das mit ihr auch passsiert?

Juchhe, ich freue mich so sehr,
durch die Luft über Berge und Täler zu flattern.

Getroffen habe ich Papageien, Rotkehlchen, Meisen,
Eulen, Elefantenkinder und Giraffen.

In der Ferne entdecke ich ein komisches Tier.
Es hat eine Brille auf
und steht wie ein kleiner Mensch auf zwei Beinen.

Das kann nur ein Erdmännchen sein.

Guten Tag, Erdmännchen. Ihr passt aber gut aufeinander auf! Tragt ihr deshalb eine Brille?
Habt ihr einen Namen? Oh ja, die Erdmännchenfrau mit dem roten Ohrring ist Mama Sara,
daneben steht Papa Ole, Onkel Thorsten und Tante Tatjana. Das nächste Erdmännchen,
hat noch keinen Namen. Findest du einen? Dann schreib ihn hier auf ....
Opa Jörg passt genau auf, dass sich die drei kleinen Erdmännchenkinder, Frederik,
Hanna und Nikolai wohl fühlen. Sie leben in einer Wohngemeinschaft, graben sich eine Höhle,
in der die Kinder blitzschnell verschwinden und sich, wenn Gefahr von einem Geier droht,
verstecken können. Weiter hinten schaut Oma Ursula in die andere Richtung und achtet darauf,
dass alles in Ordnung ist. Ach, da unten in der Ecke sitzt noch eines.
Es hält einen Skorpion im Maul. Skorpione sind giftige Tiere. Aber die Erdmännchen
sind geschickt; sie beißen den Giftstachel ab, und danach fressen sie den Skorpion auf.
Aber sie mögen auch Spinnen, Eidechsen, kleine Schlangen und Vogeleier.

Wollen wir die Erdmännchen zählen? Gut, also los: 1, 2, 3, 4, 5, 6, 7, 8, 9, 10, 11, 12.
Es ist prima, mit den putzigen Erdmännchen Freundschaft zu schließen.
Ob ich meinen Schmetterlingsfreund noch finde?

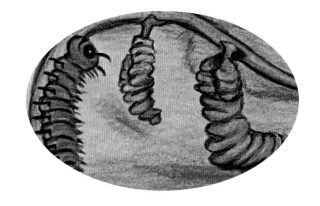

Ich schaue noch einmal auf das Bild. Die Raupe ist längst
wieder da. Ich muss es Euch noch einmal sagen:
Aus Raupen werden Schmetterlinge. Sie kleben sich an
einen Ast und schlafen so lange,
bis der Schmetterling fertig ist zum Schlüpfen.

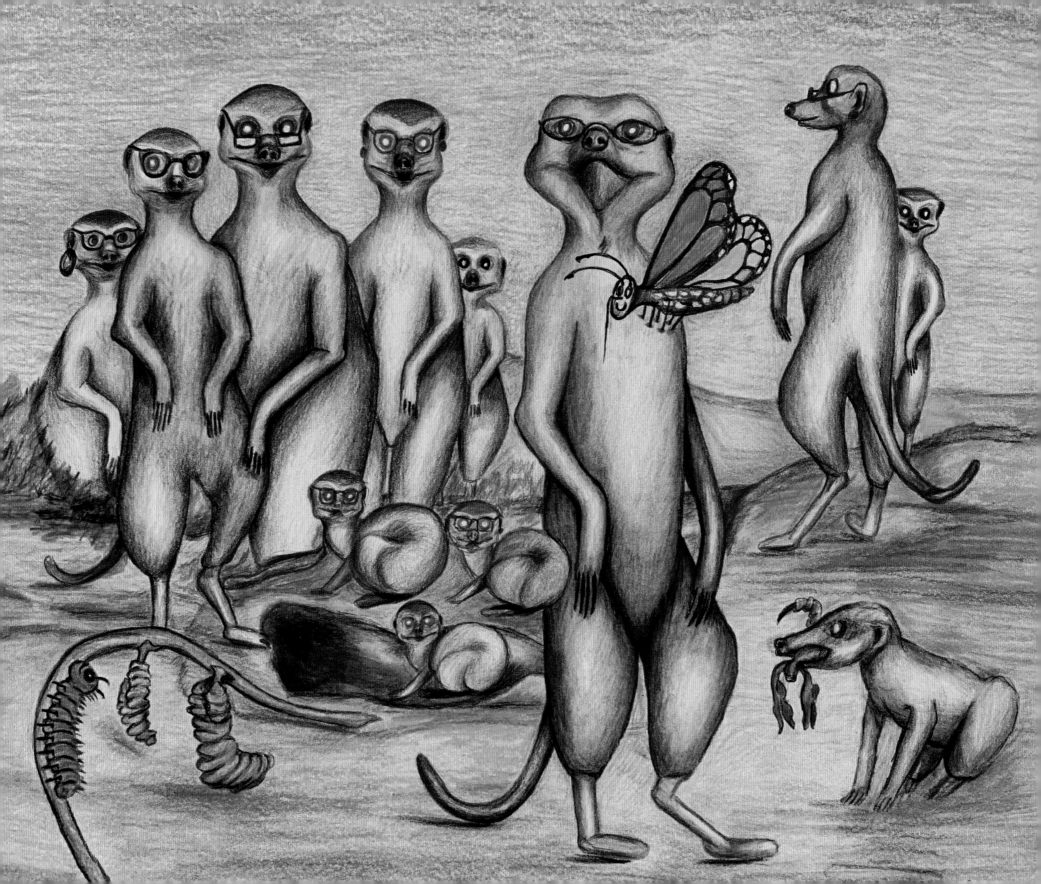

Juchhe, ich freue mich so sehr,
durch die Luft über Berge und Täler zu flattern.

Getroffen habe ich Papageien, Rotkehlchen, Meisen, Eulen,
Elefantenkinder, Giraffen und Erdmännchen.

Was leuchtet denn in der Ferne so bunt?
Ich reibe mir mit den Fühlern die Augen.
Als ich näher komme, überfällt mich
eine große Müdigkeit, und ich schlafe ein.
Ein Traum bringt mich ans Meer.

Fische springen an den Strand
und wieder zurück ins Wasser.
Unter ihnen tummelt sich eine
Gruppe mit eleganten Körpern
und langen, breiten Köpfen —
mit Augen an beiden Enden.

Das kann nur ein Hammerhai sein. Oh, er besitzt hyperscharfe Zähne, hohe, dunkle Flossen an Rücken und Schwanz. Einer von ihnen hat sogar seinen echten Hammer dabei!

Im Wasser zähle ich sie. Tust Du es bitte auch? 1, 2, 3, 4, 5, 6, 7, 8, 9, 10, 11, 12, 13.

Die mächtigen Hammerhaie fressen gern Sardinen, Heringe, Makrelen und Tintenfische.
Heute aber sind sehr freundlich, und damit ich mich nicht erschrecke,
bewegen sie ihre kräftigen Schwänze nur vorsichtig.

Eigentlich sind die Haie oft grau-blau wie das Meer, oder bräunlich-grau mit weißem Bauch,
aber heute haben sich drei von ihnen extra für mich bunt gemacht. Findest Du sie?
Welche Farben haben sie?

Hammerhaie sind flinke Schwimmer. Selbst im Traum komme ich mit ihnen nicht mit.
Wie gern wäre ich auf einem von ihnen auf der Rückenflosse durchs Wasser gezischt.
Ich sage „Auf Wiedersehen" und freue mich über ihre Freundschaft.

Mein Traum führt mich tief hinunter ins Meer.
Es wird immer dunkler und treffen kann ich hier niemanden mehr.

Dafür sehe ich die Raupe. Sie will auch Flügel haben.
Dick und rund ist sie und schon etwas ROT.
Ob sie ein rot-orangener Schmetterling wird wie ich?

Juchhe, ich freue mich,
träumend im Meer herumzuflattern.

Getroffen habe ich
Papageien, Rotkehlchen, Meisen, Eulen,
Elefantenkinder, Giraffen,
Erdmännchen und Hammerhaie.

Ist da nicht ein weiteres Tier in den Wellen?

Ja, und ich staune:
Es sieht lustig aus, hat
8 lange Schlingarme,
und einen dicken Kopf
mit Schlitzaugen.

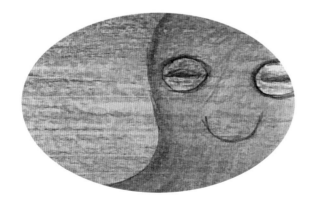

Kunterbunt sind die Tintenfische. Sie halten sich an den Armen, kitzeln sich
gegenseitig am Kopf, schlingen ihre Arme um sich selbst und
machen allerlei Knäule mit ihnen.
Beschwingt und fröhlich tanzen sie mit mir im Kreis.

Tintenfische wohnen in kleinen Felsspalten, die sie gut bewachen.
Weil sie bei Gefahr dunkle Tinte auspupsen, heißen sie Tintenfische.
Andere Fische können sie dann nicht mehr sehen.
Das ist schlau und einfallsreich von ihnen.
Auch lassen sie ihre Haut in jeder Farbe leuchten.
Auf dem Bild haben sie sich mit den Farben des Regenbogens geschmückt.

Wie viele es wohl sind? Komm, wir zählen sie: 1, 2, 3, 4, 5, 6, 7, 8, 9, 10, 11, 12, 13, 14.

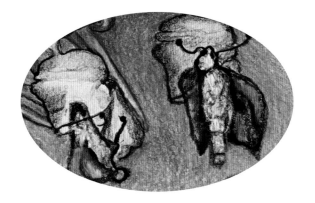

Ich bin glücklich über die neuen Freunde.
So sehr ich auch weiter träume,
ein Schmetterlingsfreund ist nicht zu mir geflogen.
Die Raupe ist fast schon ein roter Schmetterling geworden.
Schon kann man seine Fühler sehen.
Er krabbelt immer weiter aus seiner am Stängel
angeklebten grauen Hülle.

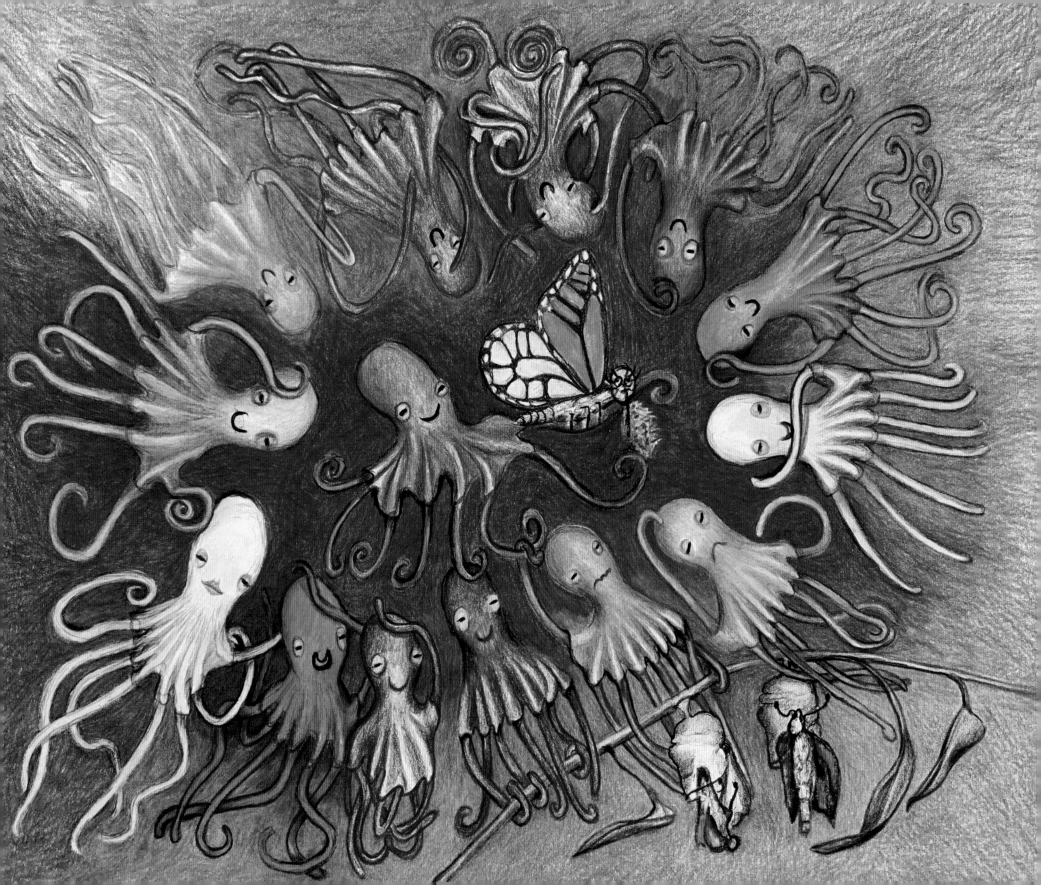

Juchhe, ich freue mich,
träumend im Meer herumzuflattern.

Getroffen habe ich
Papageien, Rotkehlchen, Meisen, Eulen,
Elefantenkinder, Giraffen, Erdmännchen,
Hammerhaie und Tintenfische.

Plötzlich schwebt etwas vor mir hin und her.

Sie haben Köpfe wie Pferde
und einen stacheligen Rücken und
sind bunt gefärbt und
verstecken sich gern
inmitten von Wasserpflanzen.

Seepferdchen gleiten stolz durch das Meer.
Gern rollen sie ihren Schwanz um Wasserpflanzen und lassen sich hin und her schaukeln.
Dabei spielen sie Verstecken miteinander.

Es sind friedliche und liebenswerte Meerestiere. Sie zeigten mir zwei Wasserpflanzenblüten:
Eine für mich und die andere für meinen Schmetterlingsfreund Nikolai Caterpillar.

Er ist aus der Hülle geschlüpft und jetzt ein dunkelrot-gelber Schmetterling.
Es fühlt sich wunderbar an, mit ihm auf der Wasserpflanze zu sitzen,
süßen Saft zu schlürfen — und bald mit ihm in die Welt hinaus zu flattern.

Zählen wir doch mal die Seepferdchen.
Es sind:1, 2, 3, 4, 5, 6, 7, 8, 9, 10, 11, 12, 13, 14. 15.

Endlich habe ich meinen
Schmetterlingsfreund gefunden!
Er ist wunderbar!

Nikolai sagt mir, dass er gern alle Tiere, die ich getroffen habe,
einladen möchte, damit auch er sie kennenlernt.

Zu unserem Fest haben wir eingeladen:

Papagei, Rotkehlchen, Meise, Eule,
Elefantenkind, Giraffe, Erdmännchen,
Hammerhai, Tintenfisch und Seepferdchen.

Welch ein fröhliches Geschnatter!
Alle Freunde
sprachen durcheinander und lachten,
führten ihre Kunststücke vor und freuten sich.

Nikolai Caterpillar und ich, Anastasia Butterfly,
sind nun ein Schmetterlingspärchen.

Unsere Fühler haben sich ineinander verflochten.
Wir lieben es, aus orangenen Mohnblumen
den Nektar zu schlürfen und gemeinsam die Welt zu erkunden.

Demnächst gehen wir auf große Flatter!

Auf dem grünen Blatt liegt etwas Weißes.
Es ist ein neues Schmetterlingsei, das sich bald in
eine dicke bunte Raupe verwandelt, aus der ein neuer
orange-roter Schmetterling wird.

Und wenn Du ihm den Namen Anastasia gibst,
fängt alles wieder von vorne an.